Cé Chomh Mór is atá An Ghealach?

Le Heather Henning • Maisithe ag Stephanie Longfoot

Bhí Cáit bheag cliste.

Bhí sí ag iarraidh a bheith ag foghlaim.

"A Mhamaí," ar sise,
**"cé chomh mór is
atá an ghealach?"**

4

"Tá an ghealach **AN-MHÓR**," arsa Mamaí.
"Tá sí mór agus cruinn."

5

"An bhfuil an ghealach chomh mór agus chomh cruinn le liathróid trá?" a d'fhiosraigh Cáit.

"Tá, cinnte," arsa Mamaí. "Ní féidir leat an ghealach a ardú agus a chaitheamh suas san aer!

"Tá an ghealach **FÍOR-MHÓR**. agus tá sí **GEAL**."

7

"An bhfuil an ghealach chomh mór agus chomh geal le roth?" a d'fhiosraigh Cáit.

"Tá, cinnte," arsa Mamaí.

"Ní féidir leat roth a rothlú trasna an ghairdín!"

"Tá an ghealach **OLLMHÓR**. **ROTHLAÍONN** an ghealach **THART**."

9

"An rothlaíonn an ghealach thart cosúil le háilleagán intreach?" a d'fhiosraigh Cáit.

"Rothlaíonn an ghealach thart i bhfad níos gaiste ná áilleagán intreach," arsa Mamaí.

"Ní féidir leat an ghealach a chasadh thart agus tú leat féin!"

"Bíonn an ghealach **AR CÚRSA**."

Bhí mearbhall ar Cháit.

"AR CÚRSA?" ar sise.

"An mbíonn an ghealach ar snámh cosúil le scamall?

An bhfuil an ghealach i bhfad ar shiúl uainn?"

12

Chuir Cáit uirthi an chulaith spáis a bhí
mar chulaith oíche aici.

Chaith Teidí a chasóg agus a chlogad spáis.

"Tá sé in am dul a luí!" arsa Mamaí.

13

Shnámh siad agus shleamhnaigh siad... Bhí an leaba ina hárthach spáis!

14

"Tá muid ar **CÚRSA**!" a ghlaoigh Cáit.
"An raibh muid anseo cheana?" a d'fhiosraigh Teidí.

Bheannaigh an bheirt do na réaltóga
agus d'eitil siad thar an ngealach.
Chas na pláinéid agus rothlaigh
na réalta scuaibe leo.

15

PREAB! PREAB! PREAB!

"Thuirling muid ar an ngealach!" a ghlaoigh Cáit.

"Úúú! Tá mé ar bís! Breathnóidh muid ar gach uile rud."

16

"Amach leat, a Theidí!"

"Amach leatsa ar dtús," arsa Teidí,

"agus coinnigh greim daingean orm."

Rith Cáit agus Teidí chomh fada leis na sléibhte.

Léim siad, phreab siad agus thosaigh siad ag súgradh.

18

"Breathnaigh air seo!" arsa Teidí.

"Réalta a thit amach as an spéir atá ann!"

"Carraig ghealaí draíochta!" a ghlaoigh Cáit.

"Cuir isteach i do chlogad í."

19

"Tá an ghealach **OLLMHÓR**," arsa Teidí.
"Tá an ghealach **MAORGA**," arsa Cáit.

Rinne Cáit a chuid céimeanna a chomhaireamh.
"A haon, a trí, a deich...céad... míle."

"Míle céim!" arsa Teidí.

"Fanfaidh mise anseo leis an gcarraig ghealaí."

21

Shiúil Cáit léi, anseo agus ansiúd - thar na sléibhte,
isteach sna gleannta agus isteach in áiteanna dorcha.

"Tá sé seo **S-C-A-N-R-Ú-I-L**!" a cheap Cáit.

22

Shoilsigh an charraig ghealaí.

Dhrithligh na réaltóga. Chaith siad solas isteach sna háiteanna dorcha.

Shleamhnaigh Cáit níos cóngaraí agus níos cóngaraí do Theidí

agus ansin chonaic sí é ina chnap codlata!

24

"Dúisigh, a Theidí! Isteach leat san árthach spáis!"
ÚÚÚiiiisss!!!

25

Ní raibh sé i bhfad go raibh siad ar ais i seomra codlata Cháit.

"A Mhamaí," arsa Cáit le hosna mhór,

"chuaigh mise agus Teidí go dtí an ghealach."

"Agus cé chomh mór agus atá an ghealach?" a d'fhiosraigh Mamaí.

26

"Óch, a Mhamaí, tá an ghealach an-mhór. Tá an ghealach **FÍOR-MHÓR**. Tá an ghealach **OLLMHÓR!**" arsa Cáit.

27

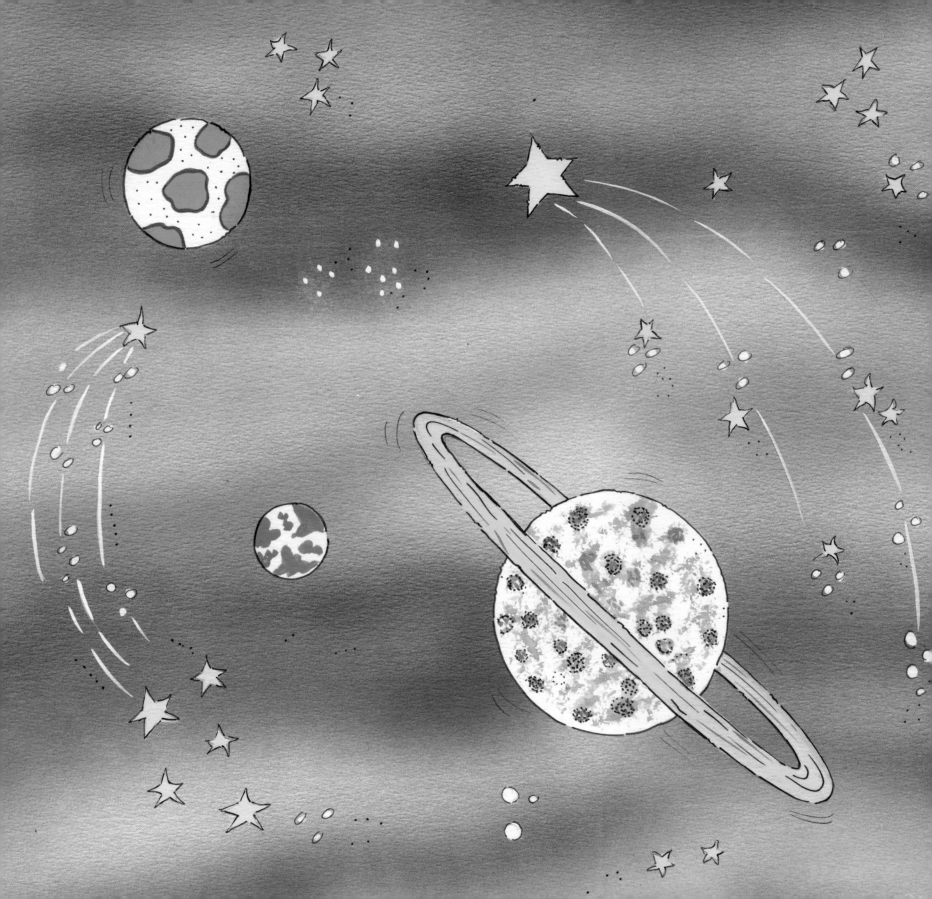